Rafael Santana

Palabras nacidas de la espuma

RAFAEL SANTANA

Rafael Santana

Fotografía de portada: Arai Santana.

ISBN-10: 1979362718
ISBN-13: 978-1979362719

A MI PADRE

INDICE

Conectar con el misterio que somos,
realizar plenamente el sueño de nuestra
vida
y dar voz a lo que vemos.

Ángeles Arrien en "Las cuatro sendas del Chamán"

PRÓLOGO

Estoy contento. Un amigo se va a autoeditar un libro. Me lo ha dado "a corregir" y en un par de tardes- lo que hace la motivación...- le he echado un "minucioso" vistazo, dándole "mi versión de los hechos, de lo hecho".

El libro es prosa poética y es mucho más. Está hecho, aunque no se vea -ni falta que hace que se sepa-, del compendio de muchos años de vida. De su profunda vida.
En sus prosas es, a veces, intimista y sincero lo cual me place mucho porque es síntoma de una gran valentía. Otras veces mientras corregía, comprendí su "comunión" y responsabilidad con la naturaleza, como si su vida solo tuviera sentido en su pequeño huerto, admirando a la Madre Natura, entre frutas, surcos, plantas que crecen lentas y sanas, árboles que cobijan sus sentidos, sintiendo cómo, cuando llega la noche, las estrellas y la luna dan, cada vez, un toque distinto a su mirada. O cómo al surgir el día, la llegada de luz del sol va acariciando sus sentidos. Y por supuesto siempre apoyándose en los suyos, en su familia (entre la que se incluyen también y por supuesto, los amigos) Y en los que ya no están.

Del texto también se desprende su gran consciencia, su darse cuenta de los problemas y contradicciones del mundo, del sinsentido que a veces le hace ser un poco pesimista (esto lo hemos debatido mucho) como algo necesario y trascendente.

Mientras a lo largo de los días, mi amigo ordenaba sus papeles para ir conformando el libro, le escuché hablar de varios nombres. Me quedé con dos de ellos, Joaquín Araujo y Claudio Naranjo, el primero "naturalista" (es imposible que con esta sola palabra pueda abarcar la inmensidad de su obra...) y el otro, psiquiatra y "uno de los pioneros y máximos referentes de la psicología Gestalt". Destaco estos dos nombres porque creo que pueden ser un poco la clave de la prosa poética del libro que tienes entre tus manos.

Guillermo Jiménez

1 DESAPRENDIENDO LAS CREENCIAS

Rafael Santana

PALABRAS NACIDAS DE LA ESPUMA

Desasosiego.
Mientras espero silencioso los versos acompasados de mis
sueños,
muero, a veces desespero.

Se me ocurre que ya viví otra vez aquí,
por estas tierras de arenas sedosas que se pegan a mi piel.
Tengo la sensación, de que hace mucho tiempo, fui agua de
mar, espuma nacarada, viento de pinos que huelen a resina
verde, acículas preñadas de acidez.

Sueño que soy viento, que soy libre.
Que muero una y otra vez en las arenas de las dunas,
agarrado a la azucena de mar.
Soy pino verde, piñonero, resinero; que muero viejo de
vejez.
Soy uno con estas arenas, con estas espumas saladas, con
estas aguas perladas por la bruma matinal.

La luna llena me acompaña estos días, sacando a la luz mi
mano yerma, huérfana de palabras que escribir.
Huérfanas de colores están también mis pinturas, casi
siempre sedientas de lujuria.

Juego a la luz de las sombras,
me matizo con el viento,
con el aroma prendido de tus recuerdos,
con la memoria encendida de mi deseo,
que me emborracha, que ahoga la pasión misma.

Solo quiero existir,
no tengo miedo ahora.
Luego, tal vez…

Veo a mis hijos, a los hijos de mis hijos,
veo llorar de alegría,
de tristeza,
no se…

Y lucho contra la desesperanza.
¡No me dejaré vencer!
Lucho con la confianza de ver restituido el mundo.
Un mundo para nuestros hijos
y para los hijos de nuestros hijos, que están por venir.
Un mundo de libertad,
un mundo con dignidad.

Soy viento.
Soy Paz.
Soy espuma de mar…

EL SONIDO DEL SILENCIO

El sonido del silencio,
el canto de los pájaros,
las gotas de rocío en la mañana,
el olor a tierra mojada,
los aromas de las flores en primavera…

El Sol, el fuego que nos da calor,
la Tierra que nos da el sustento y nos cobija,
el agua que la riega y calma nuestra sed,
el aire que nos da la vida…

El sonido del viento por entre las hojas,
y de la música,
al compás de mi corazón.

Y el sonido de mi pluma
al rasgar el papel en blanco,
deslizándose gozoso
por entre las líneas de la lucidez.

Rafael Santana

EL SILENCIO DE LA MAÑANA

Quiero escuchar, en el silencio de la mañana, mi corazón, pero el ruido me aturde y me desconcentro.
Ya sé que me puede la impaciencia, la discrepancia, la disonancia de sonidos fuera de armonía.
Quiero que este torrente de palabras inunde la mente y me haga viajar, destaponando mis oídos.
Quiero limpiar las viejas heridas. Dejar manar las fuentes...
Y venir al viento, heredad de los tiempos. Dejando volar libre la imaginación. Quisiera volar y deslizar mis pies sobre la tierra.
Y convertirme en el jefe compasivo, que ya soy y permanecer en silencio conmigo.
Invierno frío, sigo los consejos de mi amigo Guillermo que me dice suéltate a escribir, escribe lo que sea pero escribe,
　　sin pensar,
　　sin prisas,
　　sin pausas,
pero déjate llevar por la corriente.
Luego ya pondrás los puntos y las comas y el orden, deja que se exprese tu torrente interior...
De pequeño me gustaban las estrellas y las montañas, la música y la poesía. Y a eso me entregaba.
Espíritu puro, influido ya por las circunstancias familiares, educacionales, ambientales... Una jaula de grillos en mi

19

mente. La misma que hoy día, sigue habitando por mis entretelas, pero amplificada por las múltiples experiencias de la vida.

Leo poesía y me activa, me anima.

Escribir sin presiones, sin pretensiones, soltando la mente.

Ausente de todo pensamiento,
solo escribir…
Ser en el instante,
sin adornos,
sin aderezos,

nada más que contarle al viento mis pequeños sueños y esperanzas, libre de todo contagio por una mente contaminada por las corrientes de la vida. Abstraído…

EL POZO

Veo los campos rubios, secos, de final de verano, de trigo futuro.
Veo esta luz celeste de la tarde, de principios de otoño.
Veo el atardecer de mi vida antes de ingresar a la noche oscura del alma.

Siento crepitar en mi interior una algarabía semejante al acostarse de los pájaros al atardecer.
Siento como una lejana letanía que pugna por hacerse oír.

Quiero asomarme al pozo y ver lo que hay, ya que de pequeño nunca me dejaron hacerlo.

Ahora ya soy mayor. Y veo luz, hay luz, mucha luz.
Siento dentro del pecho cómo éste se ensancha con cada respiración. Siento que si paro en la cabeza el continuo discurrir del lenguaje y sus pensamientos, puedo volar hasta aquella colina y ver qué hay más allá. Parece que el horizonte se cerró hace ya tiempo y sin embargo ahora estoy dispuesto a reconocerlo e ir más allá.
    Redundo palabras jalonadas de viento,
        vomito zarzas de espinas adentro.
    Siento cuánto me alejo de mi corazón enfermo,
    más lo oigo y vuelvo a escucharlo como un susurro del

viento.

ENTRE VALLES Y MONTAÑAS

Cuál es mi rumbo,
cual mi pasión,
cual mi norte.

Ese mar de agua
que ensordece mi parloteo.

Este aroma a incienso
que me trae confort.

Esta luz de la tarde
que me sosiega.

Y doy gracias
por lo que soy,
por lo que tengo.

Sostén las cosas
por ti mismo
y no por el qué dirán.

Donde te llevarán estos valles,
estas montañas, dime
¿Dónde te llevarán?

Y entre valles y montañas,
entre luces y sombras
a que mar arribarán,
a qué puerto.

Qué estrella
será la que te guíe
en tu caminar.

Tal vez la luz
de esta vela.

¿A qué viniste aquí?
¿Sino a experimentar
todo el poderío de tu ser?

Pero no te lo crees todavía,
divagas,
no comprendes,
te entretienes en los escarceos
de tu mente.

Queriendo contentarte
con tu "pequeña felicidad"
convertida en este paraíso,
del que te has rodeado
con todos su elementos.

¡Y no es poco!

Pero tú quieres más,
porque sabes que puedes,

llegar a convertirte
en quien sabes,
en lo más hondo de tu corazón,
de lo que eres capaz.

Rafael Santana

ESTABA PRECIOSA LA SIERRA

Estaba preciosa La Sierra
tal y como la recuerdo,
su aroma en mi memoria prendido
como un amor joven y eterno.

Manzanas
hierba verde,
moras estivales pasadas por agua
y yerba…

Lluvia
los caños corren,
los saltos de agua
las setas.

y hociqueando jabatos
la bellota,
por entre el brezo
y la hierba.

Rafael Santana

NECESIDAD DE EMBOSCARME

Necesidad de emboscarme,
de perderme por entre los árboles de mi corazón,
me lleva a escribir sobre esta pasión que siento.

Compartir el sentimiento,
de que está presto el día en que no habrá más remedio,
que abrir nuestra Alma
a la luz del día.

Corren tiempos de desesperanza y miedo,
y sin embargo, agazapadas también
nuestras mejores armas.

Hartos de tanta crisis,
de tanto miedo,
no nos cabe espacio para nuestros sueños.

Desde pequeño soñaba con subir al cielo,
para tocar las estrellas.
De mayor solo sueño
con alcanzar la plenitud,
mas no por ello falta de belleza.

Salgamos a que nos de el aire,

que no nos quiten nuestros sueños.
Que el tiempo del Sol se aproxima,
que la Tierra no dejó de moverse.

Esperando a la Madre Tierra, nuestro Amor
de volver a su regazo.
Que lloran nuestros sueños,
capaces de dar el paso.

Con miedo, con dolor, con recelo,
levantándonos una y otra y otra vez del suelo,
Respirando, siempre respirando
con el corazón de nuestros sueños.

DESAPRENDERSE DE UNO MISMO

Actualiza tu relato vital,
deja de contarte penas.
deja de mirarte en el espejo de los demás.
No estés tan pendiente de la aprobación o reprobación de
los demás.

Es momento de potenciar relaciones con personas con las
que sintonices de veras y que sean fluidas.
La clave está en salir de la esclavitud de ser todas las cosas
para todas las personas.

Aceptar cuándo se ha cumplido un ciclo más allá de
intereses maquillados, conveniencias y connivencias.
No centrarse tanto en los demás, ni tratar de controlar
cómo actúan o de comprender por qué lo hacen, es
absolutamente inútil.

Aprende a que no te afecten las palabras o las acciones de
otros.

Pregúntate lo que realmente es importante para ti y después
ten el valor para construir tu vida alrededor de tu respuesta.

Rafael Santana

DESAPRENDIENDO

Me siento en el jardín,
levanto la cabeza y la echo hacia atrás,
de tal manera que pueda aspirar por la nariz, finamente,
despacio,
para poder percibir todos los olores, todos los aromas,
para poder sentir la humedad que trae el aire.

Escucho el canto de la oropéndola,
y la visualizo amarilla, como una flauta,
por entre el follaje del lago.

A mi lado tengo un viejo olivo y lo contemplo,
veo como, a estas alturas del estío,
las aceitunas van engordando,
qué bonita es la aceituna verde,
que oronda y tranquila pende.

Mientras, a veces,
una leve brisa mañanera, fresca y sutil,
me acaricia la cara, recordándome que es domingo.

Los gatos, gatas y gatitos evolucionan por el césped,
aunque casi dormitando.
La jornada nocturna ha sido larga.

Y yo mientras, aquí estoy, sentado.
Contemplando,
viendo cómo el atardecer de mis días,
prosigue cargado de sueños, de esperanzas, de
frustraciones.
Viendo como el discurrir del tiempo,
solo ha cargado más y más mi mochila, con una pesada
carga,
que ahora quiero soltar.

Porque sigo desaprendiendo…

Desaprendiendo lo que me han enseñado desde pequeño.
Desaprendiendo el sistema de creencias en el que me
muevo cada día
y por el que discurre mi vida,
como si de una autovía se tratara,
llena de señales que indican constantemente, hacia donde
debes dirigirte.
De la que solo se puede salir cada tantos kilómetros
y una voz en off muy cortés te anuncia:
"A cien metros tome la próxima salida.
En la rotonda salga a la derecha.
Después gire a la izquierda otros cien metros"

Desprendiéndome de mis "quehaceres".
De mis "deberías hacer esto y aquello o lo de más allá".
Desaprendiendo al amor,
soltando lazos,
ensanchando límites.

Y, sin embargo, leo con Pessoa:
"Mi alma es una orquesta oscura,

una brisa de atención recorre mis alas,
Soy un señor de los bosques, al borde del acantilado"

. . .

Esperando el tren que ha de pasar.
No sé ni cuando,
ni dónde,
¿Ni para qué?

Rafael Santana

¡EL CAMBIO ES POSIBLE!

¡Es posible vencer el miedo!
Fumar solo es miedo.
Miedo al fracaso.
Castigo por haber fracasado, por equivocarse en las elecciones de la vida.
Y sin embargo, ¡Es posible!

¡Es posible cambiar!
¡Es posible dejar de fumar!
No quiero fumar porque me resta energía, mucha energía.
Y necesito esa energía.
¡Energía para cambiar!
¡El cambio está dentro de uno!
Por eso no quiero seguir fumando.
Solo es cuestión de perseverar en el camino del cambio y confiar en que finalmente se producirá.

¡Puedo cambiar! ¡Puedo dejar de fumar!
Limpiar mi vehículo físico para que fluya la energía constantemente y así poder ver con claridad el camino a seguir, para sentirme satisfecho con la vida. Para sentir que soy útil para la vida.
¡Basta ya de castigarme! ¡Basta ya de resignarme!
¡Por un cambio de vida satisfactorio!

Rafael Santana

2 ECOLOGÍA SOCIAL

Rafael Santana

DESENCUENTRO

Me acerco hasta vosotros y vosotras y permitidme que abra las heridas del alma que ahora estoy sintiendo.
Porque no comprendo cómo ni cuándo me quedé atrás. No sé en qué tiempo fue, pero un día descubrí que estaban robando en mi alma. Tanto afán y tantas ilusiones cuando salí en busca de mi vida y de mi Dios y ahora no sé ni dónde me encuentro.

Veo a mis hijos jugar, observo sus peleas y entiendo representada la tragicomedia de la vida. El desencuentro de pareceres, la lucha por imponerse el uno sobre el otro y viceversa y así desde el principio de los tiempos. Y tratando de comprender todo esto llego hasta mi esencia para descubrir con sorpresa, que no veo nada, que no veo más lejos que la punta de mi nariz, pues me han ido robando poco a poco, en el camino, en cada tropiezo, en cada dificultad, en cada humillación, la vida...

Cuando era joven me quemaba por dentro al darme cuenta que estaba inmerso en un mundo, en el que miraras hacia dónde miraras, a cualquier parte del planeta, veías sufrimientos provocados por guerras, por injusticias. Veías opresión, esclavitud, un planeta asolado por la vorágine materialista, degradándose impenitente por tierra, mar y

41

aire. Y aún más me asombraba la soledad de mis congéneres cercanos, de saludo vacío, distante; cordial a veces, malhumorado y frío en la mayoría de las ocasiones.

Ahora, sintiendo este frío, salgo a proclamar a los cuatro vientos, a despertar las conciencias.
¡Daos cuenta de lo que nos está ocurriendo!
¡Alcemos nuestras voces que son el canto de los desposeídos!

Y ese frío fue acariciándome poco a poco. Y la inocencia de mi juventud, de mi sonrisa, se fue apagando lentamente. La llama de mi corazón de estrella, se fue desvaneciendo poco a poco, convertida en un simple recuerdo de mi memoria.

Ahora estoy aquí de nuevo, algo más cansado, también menos sonriente, me hallo formando parte de esa soledad que nos envuelve a todos y a todas, de esa incomprensión generalizada que nos domina, de ese afán de poder despiadado que solo pretende dominar, someter y controlar antes que crear, ayudar, cooperar.

Y con esta prosa poética, maltrecha, quisiera poner de nuevo, alas a mi voz. Para reencontrarme en este desencuentro generalizado. Para sentir alivio en mi alma al darme cuenta de que también, como yo, muchos otros y muchas otras se dan cuenta de que algún día podremos construir puentes, que podemos construir un mundo diferente y que sin embargo aún, a día de hoy, la realidad nos sigue aplastando inmisericorde. Que apenas queda un resquicio ya por dónde respirar aires de libertad, de autenticidad, sin la sombra de las falsas apariencias.

Guardo en silencio y digo: No te pido que me bajes una estrella azul, solo te pido que me digas dónde me encuentro ¡Oh Dios tú que también estás perdido entre los dioses!

Rafael Santana

REFUGIADOS

Los días de azahar, son, como los días de lluvia, días de abril. Días en los que a uno se le ensancha el corazón nada más aspirar finamente por la nariz.

Contemplando desde el alfeizar de la ventana como caen por cientos, por miles, las lágrimas de agua, que van a parar a los ríos, que van a dar al mar, limpiando las calles, baldeando corazones con agua vívida, empapando los campos inmensos de soledad.

Soledad que en cualquier orilla del Mediterráneo, al norte al sur, al este al oeste, en cualquier rincón de cualquier ciudad, campa huérfana de apoyo, de mimo, de atención, de calor humano. Regadas por las lágrimas de la envidia y la indiferencia, a falta de escucha, a falta de paz.

Lágrimas de lluvia que empapan mi corazón de dolor, de desasosiego, de impotencia. Que enarcan las cejas levantándolas de asombro ante tanta ignominia. Ante tanta burla al personal, donde el lodo de los desahuciados se enfanga con los maletines de la desesperanza. Con las palabras retóricas, vacías, malditas, que vomitan sin cesar desde las estradas, desde las poltronas, desde cualquier sillón o butaca a mano alzada, mancillando la razón, traicionando el corazón, usurpando el alma. Comerciando con tratados transatlánticos, ocultando en paraísos "offshore" la vergüenza de lo indecible…

Y mientras, la lluvia cae por doquier, empapando todo a mi derredor. Empapando lluvia, empapando corazas. Alimentando surcos, manantiales, arroyuelos. Surcando esperanzas, levantando vuelos. Alzando la voz en gritos hacia las montañas lejanas que nos devuelven sus ecos.

Duermo en un andén,
sólo, desahuciado,
huérfano, olvidado
de todos
por todos.

*Este escrito se publicó en el libro colectivo titulado "Refugiados" de la Editorial Playa de Ákaba.

SEMILLAS DE BOSQUE

> …En la vida hay momentos en que una persona
> tiene que salir y afanarse en busca de la "espérance".
> Jean Giono en "El hombre que plantaba árboles"

El canto del viento por entre las hojas de mi corazón, de la música y los silencios, marcando el compás del verso, lleno de hojas verdes, de sosiego, de esperanza y de amor.

El sonido de los chopos, silbando, cantando canciones de hojarascas, de paz y soledad en un mismo verso, enamorado de la existencia, pese a que duela.
El sonido del silencio en las noches frías de invierno, el canto de los pájaros que marcan el ritmo de las estaciones, que trinan por amanecer.

El sol, ese fuego que nos da calor, la Tierra que nos da el sustento y nos cobija, las gotas de rocío en la mañana, de las que bebo. El olor a tierra mojada, el aroma de las flores al amanecer de la primavera…

Semillas de bosque prendiendo en nuestros corazones, enraizando conciencias, elevando plegarias al gran espíritu de nuestros ancestros que poblaron la Tierra con amor y respeto, mucho antes que nosotros y nos legaron con cuidado este planeta.

Soy como árbol, enraizado firmemente al suelo, me nutro de todas las fuentes con mis raíces y a todas partes llego con mis ramas alzadas hacia el firmamento, que dan su fruto, integrando en nuestros corazones, la sombra de nuestros bosques y la luz de los amaneceres, la luz de los días de otoño, la luz de la noche nítida, despejada y fría, de invierno. Esa luz oblicua, de canto, al atardecer de nuestros días…

Se ha puesto fácil la lluvia esta tarde, ligeramente de costado como a mí me gusta, calándome hasta los huesos. Limpiando de mis entrañas hasta el último resquicio de soledad, siendo uno con la lluvia que empapa el bosque, haciendo germinar sus semillas. Ver caer la tarde de lluvia, empapando de conciencia los corazones, alimentando esperanzas que el devenir nos arrebató. Lluvia, los caños corren, los saltos de agua, los regatos, las acequias.

Canto al tiempo que corre por mis venas como agua líquida que fluye desde el manantial de mi corazón, como fuerza verde esperanza, sanando despertares, calmando malestares, saciando la sed de los bosques de la Tierra, desperdigando semillas por doquier, trazando surcos en el alma colectiva de la humanidad, alentando sueños, esperanzas, iluminando nuestra mente para una revolución total, aportando luz a nuestra imaginación. Esa luz tan necesaria para ver, y no apenas mirar…

Semillas de bosque, esencia atesorada, memoria de nuestros ancestros, sustento de la vida, motor de nuestra fuerza vital, esperanza para nuestros nietos.

*Este escrito se publicó en el libro colectivo titulado "Semillas de Bosque" de la Editorial Playa de Ákaba.

Rafael Santana

UN PUNTO DE LOCURA

Abro la ventana del patio trasero y me asomo a la mañana. De repente un par de gorriones anda zigzagueando el uno detrás del otro. Ahora veo a un palomo con su inconfundible marca en el cuello. Quizás azuza a una paloma pero esta se va con el viento fresco de la mañana. El palomo se queda dando saltos sobre el tejado y ahora es un mirlo negro el que aparece en escena. Este solo está preocupado en picotear aquí y allá. Observo como el palomo con su buche hinchado sigue picoteando por entre las rendijas del tejado, un gusanito aquí, una semillita allá.

Quiero hacerme a esta sociedad. Integrarme, ser como los demás. Regido por sus mismas leyes, tener sus mismas perspectivas, hablar su mismo lenguaje. Ahora que siento que me estoy haciendo mayor, ahora que sé que no soy alguien especial, ahora que doy gracias diariamente por lo que tengo, por lo que he conseguido y por todo lo que me ha traído hasta aquí y ahora.

Ahora, precisamente ahora, echo de menos un punto de locura en mi vida, locura para amar sin fronteras sin prejuicios sin filtro ni máscaras que obstaculicen mi entrega.

Locura para salir corriendo aunque sea para ir en pos de ninguna parte, locura para volver a hacer sonar la música de mi corazón apagada por los entresijos del tiempo.
Locura para actuar sin pensar, solo siguiendo el impulso de mis instintos, moviéndome por los dictados de mi corazón.
Locura para volar libre como un gorrión de aquí para allá persiguiendo una quimera.

Un punto de locura, en definitiva, que me devuelva a la vida de una manera plena, con una intensidad renovada, sin esconder quién soy en realidad. Lleno de fuerza, de vitalidad, de alegría, aportando mi semilla para hacer de este mundo un lugar un poquito mejor para tod@s.

MAS DE LO MISMO

Ayer vi el inicio de un telediario cualquiera, hoy he leído el primer periódico, tras las vacaciones navideñas y... ¡Todo me suena a lo mismo de siempre!

Pero lo que me inquieta, es que estas navidades, también me suenan a lo mismo que la pasada; y las anteriores...

Luego entonces ¿Desde cuándo viene esto siendo así? ¿Nos han ido "induciendo" poco a poco, hasta que hemos quedado hipnotizados?

Porque, no puede ser que las noticias, los problemas, los sucesos, las esperanzas, sigan siendo las mismas y no hayamos avanzado nada.

Es como si no cambiara nada, un espejismo. Todo sigue igual de mal.
¡Como siempre!

Rafael Santana

MICRORELATO DE UN SUEÑO

Lo que recuerdo del sueño de esta noche es que estaba tumbado en el filo de una ventana, llorando, después de haberme bebido dos botellas de vino.

La ventana era de una oficina, donde había gente trabajando que me observaba perpleja.
Era mi oficina.

Acababa de decir adiós y lo estaba celebrando, el vino, el llanto, eran de pura alegría.

Rafael Santana

VIENDOME ABRUMADO

Un día vino una amiga, que al verme abrumado en el trabajo, me recitó los siguientes versos de Antonio Machado:
> "A mi trabajo acudo
> y con mi dinero pago".

A lo que añadió: "La cuestión es hacerte con tu sitio, acomodar tu hueco y procurar que te resbale todo".
"Pero sobre todo, debes evitar que este mundo te atrape (refiriéndose al trabajo) y crear tú tus propios mundos que cultivar. Cuidando de no comerte el coco en exceso".
"Y de todos modos el sarampión hay que pasarlo, es decir, a veces hay que ponerse colorao, o decir las cosas claras de una vez, o enfrentarse a quien te quiere mal".

A todo esto le añadí yo...
Y refrenar los impulsos, amoldarse al ritmo general y echar paciencia…
Estar agradecido ya que todo no es malo y en lo malo siempre hay algo bueno.
Y que mucho de la percepción negativa de la realidad, proviene de la imaginación de nuestra mente y de su continua retroalimentación.

Por tanto, no tener prisa…

No adelantarme a los acontecimientos y no preguntar lo que no se debe (y distinguir cuando sí hacerlo).

Y que no se puede contentar a todo el mundo.

Sé cauto al hablar de personas.

Siempre, pues no sabes las vueltas que puede dar la vida.

Y sé amable siempre que puedas, pese a sus farsas, éste sigue siendo un mundo hermoso.

Se discreto. Que tu mano derecha no sepa lo que hace tu mano izquierda.

Y no te importe tanto "el qué dirán" de la gente. No puedes ser "todas las cosas" para todas las personas.

¡Sonríe y se amable!

AMANECER

Amanecer de mis días,
de mis sueños,
amanecer de mi atardecer.

Esta mañana temprano, como cada día, me levanté.
Y no fui a parte alguna, me quede aquí, "contemplando".
Susurrándole al oído mis pensamientos más frescos,
como esta mañana a la que amanezco,
un día más, un día menos.

Y si no tuviera que ir a trabajar un mañana.
Y si fuera totalmente libre,
para volar...
¿Cómo sería?

¿Cómo sería posible un mundo sin esclavitud?
¿Un mundo sin guerras?
¿Un mundo sin reglas?

Un mundo donde todo el mundo trabajara, pero en lo que
le gusta. Para lo que tuviera más capacidades.
Un mundo en el que la conciencia de las personas
permitiera una relación con la naturaleza, armoniosa. Sin
esquilmar los recursos. Sin calentar la tierra. Sin contaminar

los mares, ni los aires...

¿Cómo sería un mundo sin esclavizar a las personas, sin pisotear su dignidad, sin someterlas al miedo y la ignorancia?

¿Cómo podría aportar mi granito de arena y aliviar tan siquiera una sola de las quemaduras que asolan nuestros montes, nuestras mentes...?

Y aquí estoy.
Al amanecer de mi atardecer.
Esperando que no sea tarde.
Esperando ser valiente,
cuando la muerte venga a verme
y me coja con los deberes hechos.

3 INTEGRANDO LOS OPUESTOS

Rafael Santana

DE VIENTO Y MAREA

Quiero saber si estas pruebas
llegaran a buen término.

Si el olvido no hará presa en mi memoria,
una vez más, desde el principio
de los tiempos.

II
De viento y marea mi pensamiento.

Por el mar que navegan mis sueños,
viajo para mi desconsuelo.

Amor de lluvia soñado
bajo transparentes hojas moteado.

Siempre corrí en pos de sueños,
de amor y viento,
de mar y caramelo.

Viajando hasta lo más profundo de mi alma, morí.
Ya no siento.

III

Siempre quise volar sin alas.
Suponiendo que ya estaba todo inventado.
Y sin embargo descubrí el amor en mi compañera;
espejo de mar y fuego,
colándose por entre mis entresijos más secretos.
Del tiempo y sus miserias
para qué hablar os quiero.

Corre, vuela, zigzaguea por entre la hierba.
Tal vez te encuentres frente a frente de ti,
y te asustes,
y ya no vuelvas.

IV
Espíritu indomable,
de espada y viento.
Alma del tiempo...

NO VEO MAS LEJOS QUE LA PUNTA DE MI NARIZ

Es cierto que cada vez veo peor, puede ser debido a que ya tengo más de 50; es decir la "p. v." (en jerga funcionarial).
O que la pérdida de visión que me sobrevino tras el accidente laboral que tuve, se está agudizando, No lo sé y tampoco me importa mucho.

Lo que si me llama la atención de todo esto es que no veo porque cada vez vea menos, sino porque no presto atención a lo que pasa por delante de mis ojos, de mis narices; y es que voy todo el rato en mi mente, en mis pensamientos.

De todas maneras aunque vaya con los ojos abiertos, miro pero no veo, porque no me fijo en los detalles.
Y esto ha sido así desde que tengo consciencia de ello.

SOLEDAD

No es de poesía de lo que quiero hablar.
Tampoco es de soledad, cuando ésta es elegida.
Porque sí, me siento solo.
Pero tampoco de esto quiero hablar
No sé si será el invierno. No sé si es cuestión de inmadurez
o si será cosa de la flora intestinal.
El caso es que estoy más dentro que fuera, más dentro de
mí que fuera de mí.

Así como en el símbolo del Caduceo, las dos serpientes que
representan los dos polos de la vida, los dos extremos de
todo balancé, andan entrelazándose continuamente; así no
se puede permanecer mucho tiempo en uno sin volver al
otro, continuamente, es el fluir constante de la dinámica
existencial.

Y esto es solo un deseo de expresarme. Un deseo de
expresión vehemente, que haciéndose paso entre las
sombras, que apartando los velos de lo cotidiano, pretende
salir a la luz a que le de el aire, que tenga una oportunidad
de manifestarse; como una fuente que mana sin cesar, pese
a los obstáculos, las detenciones y pérdidas que encuentra
en su camino.

Me hallo detenido, como ausente. Sin ganas de relacionarme, sumido en la misantropía. ¿Por qué me encuentro solo y detenido? ¿Y además por elección propia? ¿Porque no encuentro puntos de encuentro con la gente? ¿Por qué me hallo en esta acedía del corazón?
¿A dónde me conduces, soledad?

ANTE LA PÉRDIDA DE MI GATITO

Ante la pérdida de mi gatito y tras sentir su ausencia hondamente, ha motivado una serie de reflexiones en mi interior, conectadas entre sí y que me gustaría desarrollar.

1. Toda la materia, todo lo que vemos, todo lo que percibimos está compuesto de las mismas partículas, en su doble manifestación onda-partícula. Por tanto tod@s estamos hechos de lo mismo. Los seres, la materia de la naturaleza, las cosas que fabricamos y los planetas. (Física de partículas).

2. Al tener condición vibratoria, hablamos de frecuencia, hablamos también de energía. Por tanto todo es energía en potencia, vibrando a diferentes frecuencias y cohesionadas por diferentes fuerzas en la multidiversidad de formas que podemos observar en el Universo todo.

3. Creo que al morir la materia, de densidad más baja, queda y pasa a formar parte de la Tierra. La energía condensada en forma vibratoria, pasa a sumarse al torrente energético común, que fluye y refluye por doquier, por todo el Universo.

4. Por tanto si somos energía, podemos influirnos

energéticamente los unos a los otros y a la vez ser influidos energéticamente por lo que nos rodea, que también es energía en potencia. (Sanación)

5. Es más, la mente genera pensamientos, que son formas de onda, energía en potencia, que también se suma, fluye y refluye en el conjunto del torrente energético universal.

6. Así, ante la pérdida de mi gatito, quiero creer, (y digo quiero creer, porque me he dado cuenta que hace tiempo ya, no creo en nada. Sobre todo en esa visión sagrada de la vida, casi mágica, en la que creía más firmemente en mi juventud); quiero creer como digo, que su materia ha pasado a formar parte de la tierra, donde lo he enterrado; y que su "energía" de una frecuencia vibratoria "condensada" en ese ser, se libera y de algún modo pasa a formar parte del torrente energético universal. (Toda vez que creo, como he expuesto atrás, que todo en este Universo es energía vibrando a diferentes frecuencias). Y que por tanto podría conectarme con esa "energía de mi gatito" de algún modo, con la intención del pensamiento, con la emoción del corazón. Como si su energía estuviese en el "aire" que nos circunda. (Pero como digo esto es lo que me gustaría creer. Y me he dado cuenta ante esta perdida, que hace tiempo ya que no creo en nada de esto y que por tanto, es posible que esta sea una de las razones por las cuales estoy tan "harto" y tan desmotivado, tan falto de una luz, que le de sentido a toda mi existencia, más allá de la lucha de la vida diaria).

7. Hay una cuestión que también sobrevive a todas estas y es plantearse si hay una "conciencia individual" dentro de cada ser y que tras la muerte, ésta, como energía que es todo, se suma también al torrente energético; y

permanece—y he aquí el "quid" de la cuestión—
permanece, como digo, con esa individualidad, pese a
haberse sumado a ese fluir y refluir energético general. Es
lo que se podría llamar "Alma". Y esta es una cuestión
difícil de elucubrar.

8.   Y hay más aspectos sobre los que reflexionar, que me
trae esta cadena de pensamientos. Y también recurro a la
física cuántica en este caso, para anotar como observo, que
nada en esta vida, en este Universo, parece ir en línea recta.
Todo más bien describe una forma de onda, vibratoria,
oscilante, pendular si se quiere. Y al parecer la ley de la
octava musical o ley del 7 explica bastante bien este
fenómeno. Es decir, que cada cierto tiempo (en los
semitonos) se produce un "choque", desviando la
trayectoria de la línea de acción que habíamos emprendido,
y así con cada semitono, hasta que finalmente se produce
una suerte de espiral, como un arrollamiento sobre sí
misma, resultando que en algún momento, va incluso en
dirección contraria a la inicial. Lo que explicaría en mi
caso, la dificultad en "mantener" una dirección concreta
hasta llegar a su final.

Rafael Santana

DETENCIONES EN EL CAMINO

Llevo dándole vueltas a escribir una carta de Navidad desde hace días, empero el clima socioeconómico es tan malo o eso nos dicen y las expectativas ante el próximo año son tan poco halagüeñas, que no encontraba palabras. Pero sé lo que quiero compartir, porque es el equilibrio entre el dar y el recibir.

Cuanto más recibo más contento estoy, pero no por ello más pleno, más equilibrado, más feliz, ya que es necesario, en el constante y cambiante fluir de la vida, desde que nacemos hasta que morimos, que haya un equilibrio entre lo que recibimos y lo que damos.

Es necesario dar tanto y más que lo que recibimos. Ya que recibimos desde el milagro de la vida diaria que nos otorgaron nuestros padres al nacer, el oxígeno que respiramos, el sol que nos calienta, la tierra que nos alimenta, el agua que sacia nuestra sed de búsqueda... hasta el amor que diariamente nos profesan los que nos quieren, así como también recibimos sinsabores y espantos, que sería la vida sin ellos ¿Y nosotros qué damos a cambio de todo ello?

Igual que exhalamos el aire que hemos tomado, no nos lo

quedamos; así damos a los demás nuestro cariño, nuestro apoyo, nuestra amistad damos lo que tenemos, para que podamos seguir recibiendo. Damos, damos, damos...

Ahí radica el sentido de la felicidad. En el equilibrio entre el recibir y el dar. Ya que cuanto más damos, más llenamos nuestra alma de alegría, que es el fluido vital que mueve los motores de la vida, hasta el instante del último suspiro.

Que este nuevo año nos alcance de lleno con su rayo de amor y enlace los corazones por toda la tierra, alumbrando una nueva consciencia entretejida en el dar y el recibir. En la armonía que confiere la sobriedad gozosa del que ama plenamente hasta su marcha hacia la infinitud...

Y también está otro sentimiento bajo la superficie que nada a sus anchas. Es como una necesidad de hacer algo. Pero he de hacer algo por mi propio pié.
Algo intenso, algo auténtico, algo más de mí. Una necesidad de algo que verdaderamente salga del corazón, de mí corazón.

Hoy se me ocurrió que al pasar de los años abandonaba esta vida cómoda y holgada que llevo ahora, en la que--debo decirlo--me encuentro cómodo. Y por la que estoy agradecido. Pero en la que al final de mis días, abandonaba mis miedos y lo dejaba todo; para ir al fin en pos de mis sueños...

Ya sé; ya sé que ésta es una estrategia dilatoria típica de mi personalidad, también es una estrategia de querer buscar más para no conformarme con lo que tengo, para verdaderamente al final no hacer nada, pero alguna clase de sentimiento sigue anidando en mi interior, que me llama como el eco lejano de una voz en la montaña, que otrora campó a sus anchas.

Me detengo por un momento y me doy cuenta que las palabras--y por tanto la mente--no me alcanzan a expresar lo que llevo dentro. Creo que tiene que ver-- más bien--con esa limpieza interior que estoy preparando para esta primavera...

Es como una necesidad de hacer espacio en mi interior, para que florezcan nuevas ideas, nuevas esperanzas. Como si esperase un reverdecer de algo viejo que guardo desde niño y que quiere hacerse mayor.

No sé... trato de dejar las palabras. Solo sentir... y que me venga la inspiración.
Es como si de repente necesitara una nueva motivación en mi vida. Una frescura, una calidad, un dinamismo nuevo... una autenticidad que parece perdida en la autocomplacencia.

Estas no son palabras, son suspiros del corazón. Bocanadas de aire que entra en mis pulmones, para poder respirar mejor. Deseos, sueños, revelaciones de mi Ser Superior. Detenciones que toma uno en la vida, para escoger un camino mejor.

Rafael Santana

¿Y SI NO TUVIERA NADA MAS QUE HACER QUE DISFRUTAR?

Es decir, no echarme más obligaciones encima que las que ya de por si me trae la vida.

La que trae el trabajo, que no son pocas, las que trae el hogar y la familia, las que me importan, el cuidado de la salud. Y poco más…

¿Amigos?

¿Realización de necesidades creativas? Música, poesía, jardín…

Quiero tiempo para contemplar. Tiempo para pasear. Tiempo para leer. Tiempo para tocar la guitarra; solo si me apetece. Tiempo para estar con mi mujer y mis hijos, disfrutando… Y libre de tener que llegar a ninguna parte, de llegar a ser, de llegar a conseguir algo.

Puesto que ya he llegado, ya estoy, ya soy.

Quiero tiempo para sentarme en mi jardín, disfrutarlo con tan solo estar, con tan solo el acto de contemplar sin más, sin esperar nada a cambio, disfrutar con la sola y pura aspiración de la belleza.

Y ya sé que si no persevero no llego a ninguna parte, que si empiezo cosas y no las termino, me invadirá la frustración. Sin embargo me puede más la carga de estar obligado a tener que terminar lo que empecé, con el consiguiente desasosiego; es más la sensación que me invade de pesada carga, que la necesidad de no hacer nada más que… ¡Disfrutar!

Por tanto creo que no tengo nada más que añadir.

ARCOIRIS

Introducción
La Madre Tierra. Un ser vivo hacia la unidad de toda la diversidad. Somos células formadas de partículas subatómicas en continuo renacimiento y muerte.
Tierra, madre, de lejos, azul y verde, de cerca, marrón y tierra.
Tierra madre Tierra
La madre Tierra un ser vivo instalado en el cosmos, latiendo al unísono con el resto de los seres cósmicos.

I
Hola. Yo soy Abúl aquel a quién hablan las flores. Me han pedido que narre sobre los misterios del cosmos, bien...

II
Un buen día decidí descender a las profundidades de mí mismo. El microcosmos me esperaba...
Me sumergí en el líquido neuroso de mi conciencia, adentrándome por entre fibras finas de color verde retinoso, buceando entre un enjambre multicolor de partículas sólidas flotantes. Al pronto creí distinguir en aquellos conductos a las redes de arterias locales por las que circulamos habitualmente de ciudad en ciudad, un sinfín de cruces volados y sobrevolados.

Volando me imaginaba como fluyendo líquido abajo hacia la zona de bombeo que se escuchaba a lo lejos, bombon...bom-bon...bom-bon...

Mientras, me cruzaba con plaquetas y glóbulos de un exultante blanco gomoso, como ciliados, con barba. Parecían seres de otra dimensión y sin embargo estaban allí mismo. El torrente ganaba en intensidad y de pronto me vi arrastrado sin solución.

Una música de arpa maraca y cuatro inundaba mi sentido de la audición, embriagaba todos los humores, como si de un perfume de azahar se tratara. De súbito me vi nadando en un líquido cuajado de corpúsculos amnióticos. Había llegado al umbral celular. Mínimas unidades de vida salpicaban los tejidos aquí y allá.

Descendiendo aún más en mis profundidades, un nuevo anillo dimensional se abría ante mí, una nueva puerta hacia el microcosmos.

Un cortejo fúnebre desfilaba ante mí. Células muertas después de haber cumplido su función, bien en tejidos, bien individualmente y una nueva generación aprestándose a latir al son del universo bom-bon bom-bon...bom-bon...

III

Caí postrado en un sueño, me sentí vertiginosamente arrastrado como por un embudo en espiral, bajando anillos concéntricos, círculos dimensionales, esferas nunca imaginadas...

¡Yuummmm!....

Algo pasó por mi lado a la velocidad de la luz, blanco y de color caliente, pero lo más asombroso fue que me había atravesado. Sí, sí, me había traspasado justo por el ombligo. ¡Me encontraba a nivel atómico!

Estadios de la conciencia. Un gran baile desfilaba ante mí. Grandes masas nucleares girando sobre sí mismas y de vez en cuando, una luz blanca cegadora girando como un satélite en torno a su madre. La gama multicolor se iba acentuando más y más...

Rojos, naranjas, amarillos y verdes. Azules, añiles y violetas ¡un arcoíris atómico!

Más y más se concentraba mi mente en descender hasta el cosmos infinito y hallar una nueva luz. Unir el principio con el final, el bien con el mal, el blanco con el negro, lo que yo llamo el caduceo, la integración de los opuestos.

Música hecha a base de silencios, impenetrable, recorría mis neuronas. Imaginaba cuántos de luz. Eones y qüarks, agujeros negros... todo daba vueltas y vueltas...

¡Yuummmmm!...

La luz blanca hirió mis ojos...

Violeta Sunyäk, añil kumbäk, azul diäpotomo.

Verde esperanza, amarillo sol, naranja Júpiter, rojo Marte.

¡Azul! ¡Azul! ¡Madre! ¡Planeta agua! ¡Planeta Tierra!

Cosmos infinito, infinito cosmos.

Macro micro Cosmosomsoɔ.

IV

Ha pasado el tiempo.

¡Ya no somos lo que éramos!

Rafael Santana

4 EPÍSTOLAS

Rafael Santana

PADRE

Padre, Amor mío,
tú que estas con las estrellas,
tú que alumbras el firmamento,
escucha mi oración,
escucha mi pensamiento y dime...

¿Cómo puedo librar esta batalla?
¿Cómo se rinde uno ante el devenir?
¿Cómo acepta uno todo en este Universo?
¿Cómo puede uno llegar a Ser,
ser por fin,
y morir en la plenitud de su Ser?

Necesito volar, para ver alto.
Y aterrizar de nuevo,
un poco mas bajo.

Más bajo aún que las montañas,
más bajo aún que los árboles que nos dan su fruto,
más bajo aún, que las hormigas que todo lo limpian.

Deseos...
Pudriendo mis entrañas.

Amores...
Desoyendo la llamada.

¡Padre!
Grito contra el cielo.
¡Padre!
Que cese ya este tormento.

....

Pero, solo escucho silencio,
el despertar solo trae
la nada verde del deshielo.

Deshielo de mi corazón.
Deshielo de mi mente.
Deshielo de mi Alma.

¿Yo? Ja, ja, ja...
¿Pero quién soy yo?
Sino una diminuta partícula del Universo,
un puñado de átomos y electrones errantes.

¿Consciencia?
Pero qué consciencia,
si estoy dormido a tiempo completo.

¡Padre!
¡Escucha mi plegaria!
Tengo que salir de la prisión de mi mente.

Morir,

para nacer de nuevo.
Limpiar
de mi casa las telarañas.

Que ya no es tiempo de deshielo
sino de correr,
como el arroyo a su huerto.
De saber que tras la nada se esconde,
el más hermoso vergel, aún yermo.

....

Y sin embargo,
los pájaros cantan cada día...

Rafael Santana

MADRE

Qué belleza más grande nos rodea. Y cuánta más aún hay en nuestro interior. Las moléculas de oxígeno en el aire, que maravilla, cómo penetran en nuestro interior a través de la nariz, allí se sacuden del polvo ambiente y del frío y se sumergen en una sinfonía de cuerdas vocales, pasando por el paladar y dejando parte de su energía también…

Cuando entran en los pulmones se asientan en los alveolos esperando que llegue el tren de la sangre. Cuando llega ésta, suelta su paquete de basura que ha recogido por todo el cuerpo y recoge a la diminuta molécula de oxígeno, toda llena de pura energía y es transportada hasta los más recónditos confines de nuestro cuerpo, donde a su vez es depositada en el líquido de la linfa para que nuestras células, las que hacen que funcionen todos nuestros órganos y sistemas corporales, recojan esta energía pura, para poder seguir latiendo, para seguir viviendo.

A cambio soltamos los desechos celulares que son transportados de nuevo por la sangre hasta los pulmones y finalmente expulsados al aire de nuevo…
Por el camino se habrán cruzado con nuevas moléculas de oxígeno, puras y limpias, vivas…
Esto somos madre, un fluir constante, esto y mucho más.

¡Qué belleza!

La vida tiene un pulso, un ritmo, somos continuas vibraciones, pasamos del miedo a la confianza, del dolor a la alegría y vuelta al miedo y al dolor y otra vez sosiego y alegría.

Noche… Día… Noche… Y así desde la eternidad hasta el infinito. Incluso cuando abandonamos este cuerpo que ahora tenemos, nos sumaremos—felizmente—a ese vaivén cósmico, al universo entero. La vida es pura poesía. Los humanos estamos hecho de polvo de estrellas…
Somos estrellas que un día caímos del firmamento y ahora en este planeta estamos sacándonos brillo, puliéndonos para que podamos lucir nuevamente en el espacio exterior.
Sí madre, de repente volvemos a casa. Y no, no hay que tener miedo.

En tiempo de los romanos vino al mundo un tal Jesús el Cristo y dijo: "Si tuviérais fe moveríais montañas". ¡Cuánta verdad dijo! Fe en la Vida, en uno mismo; fe y esperanza bajo la forma que cada cual pueda entender. Y también dijo: "Tened pureza de corazón, de intención, de pensamiento, de palabra y acto, de amor"…

Yo sé que tú sabes de estas cosas más que yo, pero es que quisiera decirte que por un instante, solo pensaras en esa burbuja de oxígeno y te sumergieses en el vaivén de la respiración. ¡Nada más! ¡Por un instante! Y de esta manera relajar tus músculos, tus articulaciones, tus vísceras, tus funciones metabólicas, tus emociones, tus pensamientos, tu espíritu… ¡Y confiar! Como las olas que vuelven una y otra vez a la orilla. Tú vuelve una y otra vez a confiar…
Y en la paz que se instaure en tu alma, recuerda que somos

estrellas y que algún día volveremos a lucir allá arriba, sonrientes.

Y si no me crees, haz la prueba y verás… Verás cómo te sonríen.

Que así sea.

Rafael Santana

MIS HIJOS

De inolvidable sueño,
tus labios fríos
son.

Como escaparate de juguetes rotos,
sin ti
no puedo volar.

Altas cumbres me esperan,
solo, desamparado.

Bajando de cuesta en cuesta
de rama en rama
me partí.

Hacia estrellas fugaces
la noche nace,
antes de morir.

Quiero expresar, sentir, gozar
y mis hijos no están.

Qué candela asola mi alma
y no me puedo quemar.

Qué me pasa
qué sólo estoy.

Que en la madrugada ya no viene a verme
esa hada de luz verde,
de espada en brazo y fuego en rostro,
espejo de quien me ama.

Cruel y mortífera quimera,
que quisiera,
que mis hijos vinieran.

CARTA A MI FAMILIA DE ORIGEN

Querida familia toda:
La vida es como un gran río de agua y el agua si se estanca, si se inmoviliza, se pudre, se enrancia.

Hay que abrir las compuertas que nos apresan el agua de vida, y dejar que corra, que fluya por los vaivenes de la vida. De esta manera, al limpiar el pozo interior de agua estanca, permitimos que agua fresca y nueva entre, aportándonos nuevas ideas, energía y frescura.
Así nuestra corriente de vida estará permanentemente renovándose, cambiando, cumpliendo con la ley natural universal de la dinámica.

Todo está en permanente cambio, en permanente movimiento, desde los átomos y las células, hasta las grandes estrellas y planetas.
Para que un árbol nazca y dé frutos, primero ha de morir la semilla.
¿Y esto que significa? Que hay que desechar todo lo viejo, todo lo que nos impide ser felices y movernos conforme las circunstancias van viniendo.

¿Y qué significa abrir la compuerta?
Salirse de la norma.

Romper con todo lo que nos ata, con todo lo que nos inmoviliza, con todo aquello que estanca, que represa nuestra corriente de vida. Hay que vencer los "miedos", descubrir el propio camino de vida.

En verdad es difícil, lo sé, pero más bonita es aún la recompensa de andar el camino por nuestro propio pie, sin muletas ni gafas.

Cuando uno en la vida tiene dificultades, éstas son una oportunidad para cultivar el espíritu, única razón de vida.

Y confiad siempre en la vida, que a pesar de las apariencias, siempre tiene un puerto en un recodo del gran río vital, para refugiarse.

Ánimo y a cambiaaar…

(Firmado: oveja negra).

CARTA A MIS AMIGOS

> Ser, ser por fin y morir en la plenitud de nuestro ser
> Antoine de Saint Exupèry (autor de El Principito).

Esta es una misiva de agradecimiento a todos y a todas, por lo mucho que me habéis enseñado en estos últimos años aquí en Mérida.

Hace tiempo que siento la necesidad de utilizar el medio epistolar para comunicarme con vosotros y con vosotras, ya que me permite expresarme con un sentimiento profundo, que a veces la palabra hablada no consigue.
Estoy en vísperas de la operación de mi rodilla, que está siendo mi maestra en los últimos meses.

Por esto he iniciado un retiro paulatino de mi vida social, cumpliendo estrictamente con lo cotidiano, o solamente con lo que me apetece en cada momento. Necesito estar en soledad y silencio. Para "ver" quien está emergiendo verdaderamente. Desprovisto de máscaras o personajes. De filtros o condicionamientos.
Creo realmente en que todo en este Universo está hecho de la misma "esencia". Y que todos estamos conectados por esa "energía universal". También puedo percibir que en los tiempos que corren necesitamos despertar "plenamente"

nuestras conciencias, que no podemos seguir "jugando a ser", que debemos abrirnos a una "percepción" completa de la realidad.

Que lo que parece NO ES. Que LO QUE ES, no nos parece. Pero ante todo lo que quiero es agradeceros…

Esto es para ti Paco porque me estás enseñando a ser hombre. Para ti Diego porque en verdad está siendo mi maestro. Para ti Pilar porque eres como una gota de alegría que baña mis penas. Para ti Escolástica porque he encontrado una amiga. Para ti Manolo por tu despertar. Para ti Juanma porque eres una constante luz en el camino. Para ti Laly Lobo por hacerme reconocer que soy un huevo duro. Para ti Laly Duque por ser mi alma gemela. Para ti Laura por tu continuo esfuerzo de agradecimiento. Para ti Pepe por tu ejemplo de sinceridad. Para ti Sonia por ser una lucecita en medio del firmamento. Para ti Susana por ser la mujer de mi vida…
Sois como mis doce apóstoles con los cuales me caigo me apoyo y me levanto. Gracias a todos y a todas por todos estos años que hemos compartido. Gracias también a ti, Padre, por todo lo que me has dado.

Os escribo desde el personajillo Rafalín de los bosques qué es primo hermano de Rafael Arcángel, medicina de Dios, mi nombre de pila. En él me siento cómodo porque es pequeñito como yo. Escribe historias cotidianas, sin muchos aspavientos. No tiene deseos de volar muy alto, le apetece estar cerca de la Tierra, como un gorrión; aunque juega y revolotea. También le gusta estar en el medio, ni muy arriba ni muy abajo, arropado por todos. Es alegre pero sobrio a la vez. Pero tiene un pecho muy grande, donde le cabe todo. Lo bueno y lo menos bueno. Y aunque a veces le acechan demonios, los observa y los deja correr, como el agua del arroyo, que no deja de manar. Así al menos me quiero ver…

Sin embargo ahora quiero hacer una retirada gradual hacia el interior. Así me lo piden el alma... y el cuerpo. Necesito colocarme en mi sitio correcto en el universo. Basta ya de personajes y personajillos. Basta ya de andar dormido sin saber ni a dónde voy. Necesito abrir mis alas, echarme a volar y aterrizar en lo más profundo de mi corazón. Y abrir las ventanas de mi amor, dejando salir lo más auténtico de mi ser, que es el ser del universo, el ser de todos...

¡Qué místico me pongo! ¿Verdad? bueno tampoco es para tanto. Yo soy así, de tanto en tanto. En un continuo morir y volver a empezar. No sé dónde me conducirá esta andadura, ni siquiera estoy seguro de estar andando. Pues a veces, es necesario estarse quieto, hasta ver realmente quiénes somos y dónde vamos.

Gracias os doy. Espero que perdonéis mis devaneos mentales. No soy más que un pobre diablo perdido en la inmensidad del universo.

¡Y sin embargo os quiero! No obstante espero serviros, aunque solo sea con mi palabra a veces, cantando la pena que lleva en el alma el flamenco.

Henchida mis alas al viento,
por el mar navego,
sin rumbo ni destino cierto.
Sólo,
asido a mi corazón de viento,
en las aguas del desconsuelo.

Sabiendo que no soy gota,
ni vela, ni viento,
sino mar,
mar abierto.

Guiado solo por las estrellas,
Parpadeando al unísono con el universo.

DESPERTANDO A LA TOTALIDAD DE LA VIDA

Durante los últimos años, desde que estoy con el problema de mi rodilla, han ocurrido muchas cosas. Está siendo como un despertar de la consciencia, una llamada del alma, un nuevo comienzo en mi vida…
Primero comencé por tomar consciencia de la falta de referencia de mi padre. Nunca antes me había hecho tan consciente de cuanto echo de menos a mi padre y a toda la línea paterna.

Luego hubo que remover el "orden" en la familia extensa para encontrar un nuevo equilibrio en el que encajáramos todos, al fundar yo mi propia familia.
Finalmente vino la rendición del orgullo. El abandono de mis "personajes", de mis egos, al darme cuenta de que no soy ninguno de ellos apartándome del mundanal ruido e hincando finalmente la rodilla.

Con todo esto, mi alma sigue abriendo la puerta de mi entendimiento, haciéndome "ver" que este es un paso más, que mi lugar correcto en el Universo aún está por devenir. Lo que explica todos mis sentimientos de frustración acumulados, mi falta de claridad, de propósito durante estos últimos años, ya que las verdaderas potencialidades de mi alma, el sentimiento profundo de mi corazón de sentirme plenamente realizado, aún no se han satisfecho.

. . . .

Ahora necesito asentar todas estas emociones. La avalancha de consciencia, la comprensión de mi vida de los últimos treinta años desde mi adolescencia hasta ahora, con una perspectiva más global, es demoledora.
La consciencia de mi presente, de mi necesidad de estar firmemente anclado a tierra aquí y ahora. Y a la vez la consciencia de que mi mayor realización ocurrirá cuando ocupe mi lugar correcto en el Universo. Pero la necesidad profunda de mi Alma, de realización completa, aún está por desvelar, por desplegarse, como las alas jóvenes de un pájaro recién nacido. Y esto me conmueve más profundamente aún.

Tomar una nueva consciencia de todo mi pasado, "abrir" mis ojos a la realidad presente y desplegar mis alas hacia el futuro; está suponiendo en mi vida una transformación total de los cimientos del Ser, un acercamiento a lo más auténtico de mi alma.

Es como si hubiera emprendido el "camino de retorno a casa". A la casa grande del alma, a la casa de las estrellas.
Es el viaje de retorno de Ulises a Ítaca en su odisea. Es el viaje interior de Sidharta hacia la plena consciencia de la esencia de toda vida. Es la búsqueda de Perséfone en el descenso hacia sus propios infiernos. Es la canción de mi vida que cantaba Triana: "Sigue luchando y podrás lograr al fin, tu ser". Es querer salir de las sombras de la caverna de Platón.

. . . .

Y sólo se me ocurre describirla con la siguiente expresión: "sin miedo".

Y esto es todo un hito en mi personalidad, acostumbrado a acrecentar los "demonios" de la mente. Ha sido un hecho maravilloso. No sé cuánto tiempo durará, pues el proceso no ha hecho más que comenzar. Pero he podido experimentar una manera de estar diferente, sosegada, en paz conmigo mismo; y por ende, con este mundo, con esta vida.

Algo realmente "cuasi" milagroso. Toda vez que este paso supone para mí, aceptar todas mis limitaciones, la situación presente; pero sobre todo mis contradicciones eternas sobre la coherencia entre mis ideales y mis hechos reales. Así pues, todo este proceso interno, está operando un cambio efectivo en el interior de mi mente y de mi ser.

No sé si estos pasos me conducirán a despertar en mí la auténtica esencia de todo ser. No sé qué nuevos caminos o puertas se me abrirán en el futuro.

Lo que sí sé, es que está rodilla, que me ha obligado a detenerme, me ha hecho reflexionar seriamente sobre mi devenir en la vida, está logrando operar un cambio profundo, que intuyo duradero. Lo que me llena de inmensa satisfacción y agradecimiento en lo más profundo de mi alma, en algún lugar recóndito, al que no tengo acceso conscientemente; pero que está empezando a irradiar una agradable sensación de aceptación, de quietud y sosiego.

Como un arroyo que nace tranquilo, abriéndose camino paso a paso, sin prisa, buscando decidido la inmensidad del

océano.
Padre te doy gracias.

Muriendo a lo viejo,
       rescatando mi esencia,
            despertando a la totalidad de la vida.

¡GRACIAS!

Ante todo quiero daros las gracias por tomaros un poquito de tiempo para leer estas palabras, que están escritas desde el corazón.

Daros las gracias y pediros perdón a la vez. Son palabras escritas desde el corazón y con el corazón, por eso son necesariamente un descargo de mi Alma para vuestra Alma. Para mi mujer, compañera y esposa en primer lugar y para todas y todos mis amigas y amigos. Aquellos que lo fueron en un tiempo y con los cuales casi he perdido todo contacto. Para los que lo son ahora. Y también para todas y todos que me leéis en este instante.
No quiero censurar palabras porque estoy siendo totalmente sincero.

Gracias, gracias por leerme, por escucharme, por atenderme, por quererme...
Espero también corresponderos. Con mis miserias, con mis limitaciones; pero desnudo de cualquier disfraz que la mente ose proponerme.
Porque necesito aceptarme, necesito aceptaros. Como soy, como sois...
Necesito aceptar mis miserias humanas, mis limitaciones. Así como acepto las vuestras, que no son más que reflejo

de las mías propias, proyectadas por mi mente a lo largo de todos estos años.

Necesito pediros perdón.
Perdón por cuando os dije una palabra áspera.
Perdón por cuando os puse mala cara.
Perdón por cuando os sentisteis aislados por mí.
Perdón por mis desaires, por mis vacíos, por mi indiferencia.
Necesito que me aceptéis como soy ahora, desnudo, sin máscara.
Necesito aceptaros como sois, seres viajando en el mismo Planeta, con las mismas cargas, con las mismas miserias humanas que yo.
Necesito tolerar mi frustración y liberarme del resentimiento, para así poder tomar mi sitio en este mundo.
Me emociono al teclear estas palabras porque salen auténticamente del corazón. Ese corazón dolido consigo mismo por haber estado hurtando lo más bonito de la vida, la sinceridad.

Ya no soy un extraño para mí mismo.
Espero no serlo para vosotros de ahora en adelante. Y si veis por un momento fugaz en mis ojos que no soy yo quien os habla, decídmelo. Pues necesito bañarme en humildad, sencillez, sinceridad...
Así es como en el fondo de mi Alma quiero ser.

HE JUGADO A SER

He "jugado a ser" una serie de personajes durante buena parte de mi vida.

He jugado a ser el "chamán" durante mis viajes por Sudamérica.

He jugado a ser el "poeta" que siempre soñé.

He jugado a ser el constructor de "jardines". (Y aún sigo Jugando)

He jugado a ser el "filósofo" (Epicuro de Mérida).

He jugado a ser el "sanador", imponiendo mis manos como si del mismísimo Dios se tratara.

He jugado a ser el clown, el "payaso", el showman.

He jugado a ser "hippie" en la tribu de los molinos.

He jugado a ser "guía de naturaleza" en los montes de mi Andalucía.

He jugado a ser músico y cantor de la vida cual "arlequín" o juglarcillo.

He jugado a ser naturista, nudista, ecologista y naturalista.

He jugado a ser empresario con "mundo natura".

He jugado a ser profesor de turismo.

Y sin embargo, aquí y ahora; no sé ni quien soy.

Rafael Santana

5 AFORISMOS

• Pregúntate: ¿A que tienes miedo?

• Es necesario aceptar la realidad que uno tiene para sentirse en paz consigo mismo y poder seguir caminando.

• El único modo de salir del "comecocos" de la mente es pasando a la acción.

• Cuidado con contener la respiración sin daros cuenta. Si estáis atentas, la respiración debe fluir constantemente...

• La constancia en uno o dos objetivos cada vez y perseverar en ellos hasta verlos realizados son mis dos talones de Aquiles.

• Una cuádruple perspectiva:
Sensaciones en el cuerpo,
sentimientos y emociones del ánimo y el corazón,
pensamientos de la mente,
intuiciones y percepciones del alma.

• La vía creativa tiene que ver más con la satisfacción interna que con el reconocimiento externo. Si depende del reconocimiento externo, que no depende de ti, tiene menos posibilidades de desarrollarse. En cambio si lo que te produce principalmente es satisfacción internamente, esa vía creativa tiene muchas más posibilidades de desarrollarse.

• ¡La Vida es cuento y algo más!

• Las herramientas para ayudar a mis hijos son la Paciencia y la Confianza.

• Lo más importante en esta vida es estar en paz con uno mismo. Tener sosiego interior.

• Reivindicando mi propio estilo.

• Detenerse por un instante, levantar la vista y respirar...

• Una sociedad enferma de envidia y "mala leche". De neurosis y soledad.

• Y si me atreviera a hacer algo impulsivo, algo novedoso, que no pasara por el filtro de mi cabeza de lo que debería. ¿Qué pasaría?

• El trabajo es el trabajo, es el medio que me permite obtener el dinero que necesito para vivir en esta sociedad. Al trabajo se juega con las reglas del juego del trabajo. El trabajo "es lo que hay".

• ¿Y si no tuviera que hacer, nada más que disfrutar?

• Este baile de máscaras, que me tiene desconcertado.

• Lo que ocurre es que al quitarme la máscara veo mejor

las de los demás y la mía propia.

• El encanto y desencanto de la vida coexisten a la vez. Nuestra tarea es la integración de los opuestos.

• Para estar vivo lo que hay que hacer es estar vivo. (Susana).

• Respira, templa, se cortés y súmate al juego.

• Necesitamos ser los artistas y poetas de nuestra propia vida. (Wislawa Szymborska).

• Conectar con el misterio que somos, realizar plenamente el sueño de nuestra vida y dar voz a lo que vemos. (Ángeles Arrien).

• Encontrar un canal positivo de creatividad. Orientarme hacia objetivos concretos y ayudarme de la disciplina.

• No hay mayor gozo que disfrutar de la belleza y los placeres sencillos.

• ¡Inundad de belleza el mundo!

• Me empeño en escuchar en silencio...

• ¡Dejad que los árboles vengan a mí!

• Cada cual es libre de hacer lo que le plazca con su vida, siempre y cuando no fastidie al vecino ni al medio ambiente.

• Se agradecido con la vida, mas no rindas pleitesía.

- Imaginando un camino diferente.

- Se está perdiendo el sentido común en esta sociedad.

- Ansiedad versus Esperanza. La esperanza como medio de luchar contra la ansiedad generalizada que atenaza esta sociedad.

- Desaprendiendo el sistema de creencia que nos han inculcado.

EPÍLOGO

Este pequeño gran libro tiene una belleza especial. En él se recogen en forma de poesías y cartas, reflexiones de vida cotidiana, vida familiar, vida ecológica llena de contacto con la naturaleza, vida en conexión con lo más íntimo y lo más sensual de la vida, vida espiritual.

Reivindicaciones de que un cambio es posible.
El autor nos invita a través de su experiencia a realizar ese cambio, desde lo más íntimo, desde lo cotidiano, hasta lo más externo a nuestro ser.

Una invitación a respirar hondo. A creer en nosotras mismas, a conectarnos con nuestro ser interior y escuchar esa guía interna que todas llevamos dentro y que el autor nos muestra a través de sus experiencias vitales.

Susana Gámez

Rafael Santana

Palabras nacidas de la espuma

Printed in Great Britain
by Amazon